Les 13 Clés du Bonheur

Découvrir et Appliquer les Secrets d'une Vie Épanouie

Tom Levy

Première édition : Novembre 2023

ISBN : 978-2-89864-018-6

Publié par : 01 Web Canada

Préface

Depuis ma tendre enfance, la quête du bonheur a toujours été un fil conducteur, une énigme qui m'a captivé et que j'ai cherché à déchiffrer. Les rires partagés, les larmes versées, les moments d'émerveillement face à un lever de soleil ou la mélodie d'une chanson, chaque instant m'a rappelé la fragilité et la préciosité de la joie. Mais qu'est-ce que le bonheur ? Est-il simplement un amalgame de ces moments éphémères, ou existe-t-il une essence plus profonde, un état d'être que l'on peut atteindre et maintenir ?

Au fil des ans, j'ai lu, étudié, voyagé et conversé avec diverses personnes du monde entier, cherchant à comprendre les différents chemins vers le bonheur. Chaque expérience, chaque lecture et chaque conversation ont été autant de clés m'ouvrant des portes sur différentes dimensions de la joie. Pourquoi treize clés, me demanderez-vous ? Parce que le nombre 13, souvent considéré comme un nombre mystique et puissant, symbolise pour moi le voyage non linéaire, parfois inattendu, mais toujours significatif, vers le contentement. Treize clés, chacune représentant un aspect essentiel du bonheur, que je suis ravi de partager avec vous.

Table des matières

Introduction

Le bonheur. Un mot que nous utilisons souvent, mais dont la signification semble insaisissable. Est-ce un moment de joie éphémère, une émotion passagère, ou bien un état d'être durable ? À travers les époques et les cultures, le bonheur a été défini, redéfini, célébré et poursuivi avec une ardeur inégalée. Philosophes, artistes, scientifiques, tous se sont interrogés sur sa nature véritable et sur les moyens de l'atteindre.

Pour certains, le bonheur est lié à la possession, à la réalisation d'ambitions ou à la reconnaissance sociale. Pour d'autres, il réside dans les plaisirs simples, les connexions humaines ou la réalisation spirituelle. Mais une chose est claire : le bonheur est essentiel. Il est cette force qui nous pousse à nous lever chaque matin, à rêver, à espérer, à nous connecter les uns aux autres et à chercher un sens à notre existence.

Dans ce livre, nous n'allons pas seulement explorer la nature éphémère du bonheur. Nous allons dévoiler, étape par étape, treize clés qui peuvent ouvrir la porte à un bonheur plus authentique, plus profond et plus durable. Car le bonheur n'est pas seulement un droit fondamental de chaque individu, c'est aussi une quête, un voyage que nous entreprenons tous, consciemment ou non, chaque jour de notre vie.

Chapitre 1 : La Gratitude

La gratitude est souvent décrite comme une émotion, une action et même une habitude. Mais en réalité, elle est bien plus que cela. Elle est un état d'esprit, un choix de vie, une approche pour voir le monde. Découvrir la profondeur de la gratitude et l'incorporer dans sa vie peut être la première et la plus puissante clé pour déverrouiller le bonheur.

Comprendre la valeur de la gratitude

Chaque jour, nous sommes inondés de situations et de défis qui peuvent soit nous élever, soit nous abattre. Dans ces moments, il est facile de se concentrer sur ce qui ne va pas, sur ce qui nous manque ou sur ce qui pourrait être mieux. Cependant, la gratitude nous invite à changer de perspective.

La gratitude ne signifie pas ignorer les défis ou minimiser les difficultés, mais plutôt reconnaître et apprécier les bonnes choses qui sont déjà présentes dans notre vie, aussi petites soient-elles. Lorsque nous choisissons de voir la vie à travers le prisme de la gratitude, nous commençons à reconnaître les moments de joie, les gestes d'amour et les opportunités cachées même dans les situations les plus difficiles.

Les bienfaits de la gratitude sont nombreux :

- **Bien-être émotionnel** : La gratitude peut combattre les sentiments de jalousie, de ressentiment ou de regret, et à la place, elle favorise des émotions positives comme la joie, l'amour et l'optimisme.
- **Santé physique** : Les individus reconnaissants ont souvent une meilleure santé cardiaque, dorment mieux et ont un système immunitaire plus fort.
- **Résilience** : La gratitude peut nous aider à surmonter les défis et les adversités, car elle nous rappelle ce qui est vraiment important dans la vie.

Exercices pratiques pour cultiver la gratitude au quotidien

1. **Journal de Gratitude** : Chaque soir, prenez quelques minutes pour écrire trois choses pour lesquelles vous êtes reconnaissant ce jour-là. Cela peut être aussi simple qu'un sourire d'un étranger ou aussi significatif qu'une promotion au travail.
2. **Lettres de Remerciement** : Pensez à une personne qui a eu un impact positif sur votre vie et écrivez-lui une lettre pour lui dire à quel point vous l'appréciez. Vous pouvez choisir de la lui envoyer ou simplement de la garder pour vous.

3. **Défi de la Gratitude de 21 Jours** : Chaque jour pendant 21 jours, identifiez une chose nouvelle pour laquelle vous êtes reconnaissant. Cela vous aidera à élargir votre perspective et à chercher activement des choses positives.

4. **Rappels Quotidiens** : Placez des post-its avec des messages comme "Qu'est-ce qui vous rend reconnaissant aujourd'hui ?" sur votre miroir, votre ordinateur ou votre réfrigérateur pour vous rappeler de pratiquer la gratitude.

5. **Méditation de Gratitude** : Consacrez quelques minutes chaque jour à fermer les yeux et à visualiser les choses, les personnes et les expériences pour lesquelles vous êtes le plus reconnaissant.

En intégrant ces pratiques dans votre vie quotidienne, la gratitude ne deviendra pas seulement une action ponctuelle, mais un mode de vie. Elle ouvre la porte à une abondance de bonheur, de joie et d'appréciation profonde pour les merveilles, grandes et petites, de notre existence. Et rappelez-vous, la gratitude n'est pas seulement pour les bons moments - elle est surtout puissante lorsqu'elle est pratiquée dans les moments les plus difficiles.

Chapitre 2 : La Santé Physique et Mentale

La santé physique

La santé physique n'est pas seulement l'absence de maladie ou de douleur, c'est un état de bien-être complet, un équilibre entre le corps et l'esprit. Elle est le socle sur lequel repose notre capacité à vivre pleinement, à aimer passionnément et à poursuivre nos rêves avec vigueur.

La symbiose entre le corps et l'esprit

La connexion entre notre corps et notre esprit est profonde. Lorsque notre corps est en bonne santé, notre esprit est plus clair, plus alerte et plus vif. À l'inverse, un esprit en paix et heureux favorise une meilleure santé physique.

Les composantes de la santé physique

La santé physique est un équilibre délicat entre divers facteurs interdépendants. Parmi ces facteurs, l'alimentation joue un rôle primordial. Elle nourrit, renforce et revitalise notre corps, tout en ayant un impact majeur sur notre bien-être émotionnel et mental. Manger des aliments nutritifs, riches en vitamines et minéraux, est essentiel pour maintenir le bon fonctionnement de notre corps. Ce que nous mettons dans notre assiette peut influencer notre humeur, notre niveau d'énergie et même notre longévité.

Alimentation équilibrée : La clé de la vitalité

a. Les dangers des aliments couramment consommés :

- **Fritures** : Bien qu'elles soient savoureuses, les fritures peuvent augmenter le risque de maladies cardiaques en raison de leur teneur élevée en graisses saturées et trans. De plus, elles contribuent à une prise de poids indésirable.
- **Sodas** : Ces boissons sucrées peuvent non seulement contribuer à la prise de poids, mais également augmenter le risque de diabète de type 2 et d'érosion dentaire.
- **Sucre** : Une consommation excessive de sucre peut entraîner des problèmes de santé tels que l'obésité, les caries dentaires et même des troubles cardiaques.
- **Sels** : Bien que le sel soit essentiel pour la santé, une surconsommation peut entraîner des problèmes tels que l'hypertension et les maladies cardiovasculaires.

b. Les meilleurs choix alimentaires :

- **Fruits et légumes** : Ils sont riches en vitamines, minéraux et antioxydants. Consommer une variété de fruits et légumes peut renforcer le système immunitaire et favoriser une peau saine.
- **Protéines maigres** : Les poissons, la volaille, les légumineuses et les noix sont d'excellentes sources de protéines essentielles à la construction et à la réparation des tissus.
- **Grains entiers** : Les aliments comme le quinoa, le riz brun et l'avoine sont riches en fibres, ce qui favorise une digestion saine et un sentiment prolongé de satiété.
- **Eaux et thés** : Une hydratation adéquate est essentielle pour le fonctionnement optimal de tous nos organes. Les thés, notamment le thé vert, peuvent offrir des bienfaits antioxydants.

Compléments alimentaires et superaliments : Potentiel et prudence

a. Compléments alimentaires :

Les vitamines et minéraux tels que la vitamine C, D, le zinc et le magnésium peuvent combler les lacunes nutritionnelles, surtout lorsqu'il est difficile d'obtenir ces nutriments uniquement à partir de la nourriture. Cependant, il est toujours préférable de consulter un professionnel de santé avant de commencer tout complément alimentaire.

b. Plantes et superaliments :

- **Maca** : Connue pour sa capacité à améliorer l'endurance et la libido.
- **Tribulus** : Souvent utilisé pour augmenter les niveaux de testostérone et améliorer la performance musculaire.
- **Gingembre** : Possède des propriétés anti-inflammatoires et est souvent utilisé pour la digestion.
- **Fenugrec** : Traditionnellement utilisé pour stimuler l'appétit et soutenir la lactation chez les nouvelles mères.
- **Ginseng** : Reconnu pour ses propriétés revitalisantes et pour augmenter l'énergie et la concentration.

Cependant, il est crucial de comprendre que même si ces plantes ont des propriétés bénéfiques, elles doivent être consommées avec prudence et idéalement sous la supervision d'un professionnel, car elles peuvent interagir avec des médicaments ou présenter des effets secondaires.

La santé physique est une symphonie complexe de choix et d'actions conscientes. Avec une alimentation équilibrée, un regard attentif sur les compléments et superaliments, et une approche proactive, nous pouvons non seulement renforcer notre corps mais également nourrir notre esprit.

Activité physique régulière :

L'exercice régulier renforce notre cœur, améliore la circulation sanguine et renforce les muscles. Mais il joue aussi un rôle crucial dans la libération des endorphines, les hormones du bonheur.

L'activité physique, bien au-delà de ses bénéfices pour le corps, est une clé essentielle pour nourrir l'esprit et l'âme. Elle peut être une source de plaisir, de défi et d'accomplissement, et elle offre une voie d'accès unique à la découverte de soi. Pour tirer le meilleur parti des avantages de l'activité physique, il est crucial de choisir un sport ou un exercice qui résonne avec soi, quelque chose qui devient une passion plutôt qu'une obligation.

1. Sports collectifs : Ils incluent des jeux comme le football, le basketball, le volleyball et le rugby. Ces sports cultivent l'esprit d'équipe, renforcent les liens sociaux et enseignent des valeurs essentielles comme la coopération et la communication. En jouant en équipe, on se motive mutuellement, ce qui peut rendre l'expérience plus engageante.

2. Sports individuels : Ceux-ci englobent des activités comme la course à pied, le cyclisme, et le tennis. Ils offrent une opportunité de se concentrer sur des objectifs personnels, de défier ses limites et d'apprendre la discipline et la détermination.

3. Sports de combat : La boxe, le judo, le karaté et le jiu-jitsu, entre autres, permettent non seulement d'améliorer la force physique et l'endurance, mais aussi la maîtrise de soi, le respect et la concentration.

4. Natation : Nager est une activité à faible impact qui renforce le corps tout entier. Elle est également thérapeutique, offrant un moment de détente et de méditation en mouvement.

5. Yoga : Plus qu'un simple exercice, le yoga est une pratique qui unit le corps, l'esprit et l'âme. Il renforce la flexibilité, la force et l'équilibre tout en promouvant la relaxation et la pleine conscience.

6. Sports d'endurance : Les marathons, triathlons et autres courses d'endurance poussent l'individu à dépasser ses limites, cultivant la persévérance et la résilience.

7. Activités récréatives : La danse, la randonnée, le jardinage ou même les promenades quotidiennes peuvent être tout aussi bénéfiques. Ces activités peuvent souvent être intégrées dans la routine quotidienne sans le sentiment d'accomplir un "exercice" structuré.

Il est essentiel de rappeler que le meilleur exercice est celui que vous aimez et que vous continuez à faire. L'activité physique ne doit pas être perçue comme une corvée mais comme une opportunité de s'engager, de se déconnecter, de s'amuser et, finalement, de célébrer ce que notre corps est capable de faire. Trouvez ce qui vous passionne, et laissez cet enthousiasme guider votre voyage vers une meilleure santé physique et mentale.

L'Essence du Sommeil de Qualité

Un sommeil réparateur est essentiel pour la récupération et la régénération de notre corps. Il améliore notre concentration, booste notre système immunitaire et nous prépare à affronter un nouveau jour.

Le sommeil n'est pas simplement une pause dans notre routine quotidienne, c'est une nécessité fondamentale qui affecte chaque aspect de notre bien-être. Il est tout aussi essentiel que l'air que nous respirons, l'eau que nous buvons et la nourriture que nous mangeons. Plongeons-nous dans la compréhension profonde de l'importance d'un sommeil de qualité.

1. Réparation et régénération : Pendant que nous dormons, notre corps travaille activement pour réparer les muscles, synthétiser les protéines et renouveler les cellules. Les tissus endommagés sont réparés, favorisant ainsi une meilleure santé physique.

2. Consolidation de la mémoire : Le sommeil joue un rôle crucial dans le traitement et la consolidation des souvenirs de la journée. Durant la phase de sommeil paradoxal, notre cerveau trie, stocke et solidifie ce que nous avons appris pendant la journée.

3. Régulation hormonale : De nombreux processus hormonaux, comme la régulation de l'insuline, la libération de l'hormone de croissance et la production de cortisol, se produisent principalement pendant le sommeil. Un bon sommeil garantit que ces processus hormonaux fonctionnent de manière optimale.

4. Équilibre émotionnel : La qualité de notre sommeil influence directement notre humeur et notre stabilité émotionnelle. Un sommeil perturbé peut entraîner des sentiments d'irritabilité, de dépression ou d'anxiété.

5. Renforcement du système immunitaire : Un sommeil adéquat renforce notre défense naturelle contre les infections, permettant à notre système immunitaire de fonctionner à son meilleur niveau.

6. Amélioration de la concentration et de la productivité : Bien dormir aiguise l'attention, renforce la concentration et stimule la créativité, ce qui nous rend plus efficaces et productifs dans nos activités quotidiennes.

7. Prévention des maladies : Le manque chronique de sommeil est lié à un risque accru de maladies comme l'obésité, le diabète, les maladies cardiovasculaires et même certains types de cancer.

Pour assurer un sommeil de qualité, il est important de maintenir une routine régulière, de créer un environnement propice au sommeil (obscurité, calme, température adéquate), d'éviter les écrans avant de dormir, et de surveiller son alimentation. La caféine, par exemple, est un stimulant qui peut perturber votre sommeil si elle est consommée tard dans la journée.

Pratiques pour Améliorer la Qualité du Sommeil

Pour beaucoup d'entre nous, même en reconnaissant l'importance du sommeil, s'endormir et rester endormi peut s'avérer être un défi majeur.

Voici quelques pratiques et conseils qui peuvent aider à améliorer la qualité du sommeil :

1. Hygiène du sommeil : Maintenez une routine régulière. Essayez de vous coucher et de vous lever à la même heure chaque jour, même le week-end. Cette régularité renforce l'horloge interne de votre corps et améliore la qualité de votre sommeil nocturne.

2. Ambiance de la chambre : Assurez-vous que votre chambre est propice au sommeil. Cela signifie une pièce sombre, silencieuse et fraîche. Vous pouvez envisager d'utiliser des masques pour les yeux, des bouchons d'oreille, des humidificateurs, des ventilateurs et des machines à bruit blanc pour créer un environnement optimal.

3. Limitez l'exposition aux écrans : La lumière bleue émise par les téléphones, les tablettes, les ordinateurs et les téléviseurs inhibe la production de mélatonine, l'hormone qui contrôle votre cycle veille-sommeil. Essayez de déconnecter au moins une heure avant le coucher.

4. Évitez les gros repas avant le coucher : Les repas lourds peuvent provoquer des indigestions qui interfèrent avec le sommeil. Si vous avez faim juste avant le coucher, optez pour une collation légère.

5. Activité physique : L'exercice régulier peut vous aider à vous endormir plus rapidement et à profiter d'un sommeil plus profond. Cependant, n'exercez pas trop près de l'heure du coucher, car cela peut avoir l'effet inverse.

6. Techniques de relaxation : Les méthodes telles que la méditation, la respiration profonde et la visualisation peuvent aider à calmer l'esprit et à préparer le corps au sommeil. Considérez ces techniques comme un moyen de "décompresser" de la pression de la journée.

7. Limitez les siestes pendant la journée : Si vous avez l'habitude de faire la sieste, essayez de la limiter à 20-30 minutes et évitez de dormir l'après-midi.

8. Évitez l'alcool, la caféine et les boissons riches en sucre : Ces substances peuvent perturber votre sommeil. Essayez de limiter votre consommation, surtout en fin de journée.

9. Plantes et suppléments favorisant le sommeil : Plusieurs plantes et suppléments sont reconnus pour leur capacité à favoriser la relaxation et améliorer le sommeil. La **camomille**, par exemple, est souvent consommée sous forme de tisane pour ses propriétés apaisantes. La **valériane** est une autre plante qui, utilisée en complément, peut aider à réduire le temps nécessaire pour s'endormir. Le **magnésium** est un minéral qui joue un rôle dans la régulation du sommeil, et sa supplémentation peut être bénéfique pour ceux qui ont du mal à rester endormis. Enfin, la **mélatonine**, une hormone produite naturellement par le corps, est également disponible sous forme de supplément et est couramment utilisée pour réguler les cycles de sommeil, en particulier pour combattre les effets du décalage horaire. Cependant, il est crucial de consulter un professionnel de la santé avant d'introduire de nouveaux suppléments dans votre routine, afin de s'assurer qu'ils sont adaptés à vos besoins et qu'il n'y a pas de contre-indications.

10. Consultez un professionnel : Si, malgré tous vos efforts, vous continuez à avoir du mal à dormir ou à ressentir une somnolence excessive pendant la journée, il peut être utile de consulter un médecin ou un spécialiste du sommeil.

En fin de compte, il est important de voir le sommeil comme une priorité et non comme une option. Il peut être nécessaire d'ajuster ou d'expérimenter différentes stratégies pour trouver ce qui fonctionne le mieux pour vous, mais chaque étape positive que vous faites pour améliorer votre sommeil est un investissement dans votre bien-être global.

La santé physique comme clé du bonheur

Avoir un corps en bonne santé nous donne la liberté d'explorer, de découvrir et d'aimer sans entrave. Elle nous permet de danser sous la pluie, de gravir des montagnes et de poursuivre nos passions sans être freinés par la douleur ou la fatigue.

Des habitudes pour maintenir une santé physique robuste

1. **Routine d'exercices** : Que ce soit la marche, le yoga, la natation ou tout autre sport, trouvez ce que vous aimez et intégrez-le dans votre routine quotidienne.
2. **Hydratation** : Buvez suffisamment d'eau chaque jour pour garder votre corps hydraté et aider à éliminer les toxines.
3. **Eviter les mauvais aliments** : Les fritures, les sodas…
4. **Évitez les excès** : Que ce soit l'alcool, la caféine ou le sucre, le sel, la modération est la clé.
5. **Veuillez pour une meilleure qualité de sommeil** :
6. **Méditations et techniques de relaxation** : Bien qu'elles semblent axées sur l'esprit, elles ont un impact profond sur la santé

physique en réduisant le stress et en favorisant la détente.

En priorisant une excellente santé physique, vous ne misez pas uniquement sur votre bien-être présent, mais vous édifiez également les bases d'une existence empreinte de dynamisme, de joie et d'épanouissement. Gardez à l'esprit que votre corps est unique et irremplaçable ; honorez-le, dorlotez-le, et en retour, il vous gratifiera d'une vitalité sans pareil."

La Santé Mentale

La santé mentale, tout comme la santé physique, est un élément essentiel de notre bien-être. Elle englobe notre équilibre émotionnel, psychologique et social. C'est ce qui affecte la manière dont nous pensons, ressentons et agissons face aux différentes situations de la vie. Elle joue un rôle déterminant dans notre capacité à gérer le stress, à se rapporter aux autres et à prendre des décisions.

La complexité de l'esprit

L'esprit humain est une merveille complexe, capable de créer, de rêver et de ressentir un spectre d'émotions allant de la joie exubérante à la tristesse profonde. Cependant, tout comme le corps, l'esprit peut également souffrir et avoir besoin de soins.

La véritable essence de la santé mentale

1. **Équilibre émotionnel** : La capacité de ressentir des émotions, positives ou négatives, sans être submergé par elles.
2. **Résilience** : La force intérieure qui nous permet de rebondir face aux adversités et aux défis de la vie.

3. **Estime de soi** : Une perception positive et réaliste de soi-même, reconnaissant à la fois nos forces et nos faiblesses.

Les Piliers de la Santé Mentale

La Médication et son Rôle

Il est crucial de reconnaître que, pour certains, la médication peut jouer un rôle essentiel dans la gestion et le traitement des troubles mentaux. Les antidépresseurs, les anxiolytiques et d'autres médicaments peuvent, pour beaucoup, offrir le soulagement nécessaire et leur permettre de mener une vie équilibrée. Cependant, il est essentiel de consulter un professionnel de la santé pour discuter des avantages et des risques associés à la médication.

Les Suppléments Alimentaires et le Bien-être Mental

Certains suppléments alimentaires, comme le magnésium, le zinc, les oméga-3 et d'autres, sont réputés pour leur capacité à soutenir la santé mentale. Des plantes comme le millepertuis sont également utilisées comme remèdes naturels contre la dépression légère à modérée.

L'impact de la santé mentale sur le bonheur

Un esprit sain peut voir la beauté dans le quotidien, trouver de l'espoir dans l'adversité et créer du sens même dans les moments les plus sombres. Il nous offre la clarté pour comprendre nous-mêmes et le monde qui nous entoure, tout en nous donnant la liberté de choisir notre chemin vers le bonheur.

Stratégies pour Nourrir l'Esprit

1. **Thérapie et Counseling** : Un espace sûr pour explorer et comprendre ses sentiments, ses émotions et ses comportements.
2. **Méditation et pleine conscience** : Cultiver la présence et l'attention pour créer une paix intérieure.
3. **Journalisation** : Un moyen d'exprimer, de réfléchir et de décomposer ses pensées.
4. **Connexion sociale** : Entretenir des relations profondes et significatives qui offrent soutien et compréhension.

Plantes pour améliorer l'humeur et le bien être

Il existe plusieurs plantes reconnues pour leurs vertus antidépresseurs ou pour améliorer l'humeur et le bien-être mental. Il est important de noter que l'efficacité de ces plantes peut varier selon les individus et que leur utilisation doit toujours se faire sous la supervision d'un professionnel de santé, surtout si vous prenez déjà des médicaments ou si vous souffrez d'affections particulières. Voici quelques plantes souvent mentionnées pour leurs propriétés bénéfiques pour l'humeur :

1. **Millepertuis (Hypericum perforatum)** : C'est probablement l'une des plantes les plus connues pour ses effets antidépresseurs. De nombreuses études ont suggéré que le millepertuis pourrait être aussi efficace que certains antidépresseurs conventionnels pour traiter la dépression légère à modérée.

2. **Rhodiola (Rhodiola rosea)** : C'est une plante adaptogène qui a été utilisée pendant des siècles en Europe et en Asie pour augmenter la résistance au stress physique et émotionnel. Elle est souvent recommandée pour combattre la fatigue, améliorer la concentration et soutenir l'humeur.

3. **Griffonia simplicifolia** : Cette plante est une source naturelle de 5-HTP (5-hydroxytryptophane), un précurseur de la sérotonine, un neurotransmetteur impliqué dans la régulation de l'humeur. Le 5-HTP est souvent utilisé comme complément alimentaire pour améliorer l'humeur et combattre la dépression.

4. **Camomille (Matricaria recutita)** : Bien qu'elle soit principalement connue pour ses propriétés relaxantes et sédatives, certaines études suggèrent que la camomille pourrait également avoir des effets antidépresseurs.

5. **Valériane (Valeriana officinalis)** : Traditionnellement utilisée pour traiter l'insomnie et l'anxiété, elle peut indirectement contribuer à améliorer l'humeur en améliorant la qualité du sommeil.
6. **Safran (Crocus sativus)** : Des études ont montré que le safran pourrait avoir des effets antidépresseurs comparables à ceux de certains médicaments antidépresseurs couramment prescrits.
7. **Basilic sacré (Ocimum sanctum)** : Également appelé "Tulsi", il est souvent utilisé en médecine ayurvédique pour traiter le stress, l'anxiété et la dépression.
8. **Passiflore (Passiflora incarnata)** : Traditionnellement utilisée pour traiter l'anxiété, l'insomnie et la nervosité, elle peut également avoir un effet positif sur l'humeur.

Il est essentiel de se rappeler que, bien que ces plantes puissent offrir un soutien dans la gestion des troubles de l'humeur, elles ne remplacent pas un traitement médical complet. Si vous ou quelqu'un que vous connaissez souffre de dépression ou d'autres troubles de l'humeur, il est crucial de consulter un professionnel de santé.

Limitation de la surconsommation médiatique : Trop d'informations, en particulier lorsqu'elles sont négatives, peuvent submerger l'esprit. Prendre des pauses régulières des médias et se concentrer sur le présent peut aider à maintenir l'équilibre mental.

Protéger et nourrir notre santé mentale est un voyage continu, pas une destination finale. C'est un engagement envers soi-même, un acte d'amour-propre. En donnant la priorité à notre bien-être mental, nous ouvrons la porte à une vie plus riche, plus épanouissante et, finalement, plus heureuse.

Conclusion

La santé mentale est un voyage, et il est essentiel de se rappeler que demander de l'aide, que ce soit sous forme de thérapie, de médication ou de support social, est non seulement acceptable mais aussi une preuve de force.

Chapitre 3 : Relations saines et Préservation de soi

Connexion Sociale et Relations Saines

Les relations que nous entretenons jouent un rôle prépondérant dans notre bien-être et notre bonheur général. Être entouré de personnes qui nous soutiennent, nous valorisent et nous comprennent est essentiel à notre épanouissement.

1. **Choisir ses Relations** : Il est crucial de comprendre que la qualité des relations est bien plus importante que la quantité. Entourez-vous de personnes qui vous élèvent, vous inspirent et vous encouragent à être la meilleure version de vous-même.
2. **Éviter les Personnes Toxiques** : La toxicité peut drainer notre énergie, affecter notre estime de soi et même influencer notre perspective de la vie. Reconnaître les signes d'une relation toxique et s'éloigner de ces situations est essentiel pour préserver notre bien-être mental et émotionnel.
3. **Établir des Limites** : Il est vital d'établir des limites claires dans nos interactions pour assurer un respect mutuel. Les limites nous permettent de nous protéger et de maintenir une relation saine avec nous-mêmes et les autres.

4. **Cultiver des Relations Profondes** : Cherchez à développer des relations qui offrent un véritable sens, une connexion profonde et une compréhension mutuelle.

Préservation de Soi

En tant qu'êtres empathiques, nous sommes souvent tirés vers les émotions et les expériences des autres, ressentant une profonde envie d'aider, de soutenir et de soulager. Toutefois, il est crucial de reconnaître que notre capacité à aider autrui est directement liée à notre propre bien-être. La préservation de soi n'est pas un acte d'égoïsme, mais plutôt un acte d'amour envers soi-même qui, par ricochet, permet d'aimer et d'aider les autres de manière plus efficace.

Le poids des émotions des autres

Il est naturel de vouloir porter secours lorsqu'un proche souffre, mais il faut également comprendre les limites de notre propre capacité. Prendre sur nous les maux et les émotions des autres peut nous submerger, nous fatiguer et nous épuiser mentalement et émotionnellement.

L'importance de la Préservation

1. **Établir des limites** : Apprendre à dire "non" ou à prendre du recul n'est pas un signe de faiblesse ou d'insensibilité. C'est une reconnaissance que pour aider efficacement, nous devons d'abord être en bonne santé et en paix nous-mêmes.
2. **Auto-compassion** : Traitez-vous avec la même bonté et la même compréhension que vous offririez à un ami. Comprendre que vous ne pouvez pas tout résoudre pour tout le monde est essentiel pour votre bien-être.
3. **Détachement affectif** : Cela ne signifie pas se désintéresser des autres, mais plutôt maintenir une certaine distance émotionnelle pour éviter d'être submergé par les émotions des autres.

Des outils pour la préservation

1. **Pratiques de pleine conscience** : Apprendre à rester ancré dans le moment présent peut aider à reconnaître et à gérer les émotions envahissantes.
2. **Journalisation** : Écrire vos sentiments peut offrir une perspective et un exutoire pour comprendre et traiter vos émotions.
3. **Thérapie** : Un thérapeute peut fournir des outils et des stratégies pour gérer le stress, l'anxiété et d'autres émotions résultant de la prise en charge des problèmes d'autrui.

4. **Temps pour soi** : Que ce soit une promenade solitaire, un moment de lecture ou une simple sieste, accordez-vous du temps pour vous régénérer.

Se préserver est un acte d'équilibrage entre l'ouverture aux autres et la protection de son propre esprit et de son cœur. En reconnaissant vos propres besoins et en mettant en place des stratégies pour répondre à ces besoins, vous vous positionnez non seulement pour un bonheur et une santé personnels durables, mais aussi pour être une source de force et de soutien pour ceux qui vous entourent.

Chapitre 4: La Présence

Vivre dans un monde en perpétuel mouvement peut souvent nous faire oublier l'importance du moment présent. Nous sommes constamment distraits par les regrets du passé ou par les anxiétés de l'avenir, au point d'oublier le "maintenant". Pourtant, la véritable clé du bonheur réside dans notre capacité à être pleinement présent.

L'importance de vivre dans le présent

Vivre dans le présent signifie être conscient et apprécier chaque instant tel qu'il se présente, sans le juger ou le comparer à un autre moment. Il s'agit de s'immerger complètement dans l'expérience en cours, qu'elle soit agréable ou désagréable.

Se libérer du passé

Chacun de nous porte des souvenirs, des regrets ou des décisions du passé qui ont laissé une marque. Mais plutôt que de voir ces moments comme des cicatrices, nous pouvons les considérer comme des badges d'honneur, des preuves de notre résilience et de notre capacité à surmonter les adversités. Chaque épreuve, chaque erreur et chaque douleur que nous avons vécue nous a offert une leçon. Ces moments douloureux peuvent être vus comme des professeurs, nous guidant vers une meilleure compréhension de nous-mêmes et du monde autour de nous. Ils façonnent notre caractère, renforcent notre détermination et nous préparent à de futurs défis.

S'accrocher au passé peut devenir un fardeau inutile. Le passé est immuable. Il est important de comprendre que revivre constamment ces moments dans notre esprit ne change rien à la réalité, et cela peut nous empêcher d'avancer. En transformant notre perspective sur notre passé et en voyant chaque expérience comme une opportunité d'apprentissage, nous ouvrons la voie à la guérison, à la croissance et au progrès. L'acceptation de nos expériences passées, bonnes ou mauvaises, est cruciale pour trouver la paix intérieure et permettre un avenir plus lumineux

Se détacher des inquiétudes futures

L'avenir est rempli d'incertitudes. C'est une toile vierge sur laquelle rien n'a encore été dessiné. Cependant, cela ne signifie pas que nous ne devons pas nous préparer ou prendre des décisions judicieuses pour notre avenir. En réalité, vivre dans le présent signifie reconnaître et optimiser ce que nous pouvons contrôler aujourd'hui. Chaque action, chaque décision que nous prenons aujourd'hui est un pas vers la construction de notre futur. L'idée est d'agir avec la meilleure intention et les meilleures informations dont nous disposons actuellement, sans être paralysé par la peur de l'inconnu.

Trop souvent, nous gaspillons notre énergie à nous inquiéter pour des scénarios qui n'arriveront peut-être jamais. Ces inquiétudes peuvent paralyser nos actions et nuire à notre bien-être. Au lieu de cela, en embrassant le moment présent, nous sommes mieux équipés pour prendre des décisions éclairées qui peuvent avoir un impact positif sur notre avenir.

Acceptez l'incertitude comme une partie inévitable de la vie et rappelez-vous que même si nous ne pouvons pas prévoir chaque détail de notre avenir, nous avons le pouvoir d'influencer sa direction en agissant avec intention et conscience aujourd'hui. Concentrez-vous sur ce qui est actuellement à votre portée, faites de votre mieux avec ce que vous savez et ce que vous avez, et cherchez des opportunités dans le "maintenant". En faisant cela, non seulement vous construisez un avenir plus prometteur, mais vous vivez également une vie pleine et significative chaque jour.

La puissance de la pleine conscience

Pratiquer la pleine conscience, c'est s'entraîner à focaliser notre attention sur l'instant présent. C'est une manière de se connecter profondément à nos sens, d'éviter la distraction et de ressentir une paix profonde. La méditation, la journalisation ou simplement prendre quelques instants pour respirer profondément peuvent nous aider à cultiver cette présence d'esprit.

En fin de compte, la vie n'est qu'une série de moments présents. En choisissant de vivre pleinement chaque instant, nous choisissons de vivre une vie plus riche, plus significative et, finalement, plus heureuse.

Voici pourquoi c'est essentiel :

- **Sérénité** : En se concentrant sur le moment présent, nous réduisons les distractions et les turbulences de l'esprit, ce qui entraîne une plus grande paix intérieure.
- **Appréciation accrue** : Lorsque nous sommes présents, nous remarquons et apprécions les détails et les nuances de la vie que nous aurions autrement manqués.
- **Réduction du stress** : La ruminations sur le passé ou l'inquiétude pour l'avenir sont des sources majeures de stress. En vivant dans le présent, nous libérons notre esprit de ces fardeaux.

Techniques de pleine conscience et méditation

1. **Respiration consciente** : Prenez quelques minutes chaque jour pour vous concentrer uniquement sur votre respiration. Sentez l'air entrer et sortir de vos poumons. C'est une façon simple de ramener votre esprit au moment présent.
2. **Balades méditatives** : Lorsque vous marchez, que ce soit pour aller au travail ou

pour une simple promenade, soyez conscient de chaque pas. Sentez vos pieds toucher le sol et observez votre environnement sans jugement.

3. **Méditation assise** : Asseyez-vous confortablement, fermez les yeux et concentrez-vous sur votre respiration ou sur un mantra. Lorsque votre esprit s'évade, ramenez-le doucement au centre. De nos jours, de nombreuses applications mobiles sont disponibles pour guider et faciliter la pratique de la méditation, en offrant des sessions guidées adaptées à tous les niveaux.

4. **Scan corporel** : Allongez-vous et concentrez-vous sur chaque partie de votre corps, en commençant par vos orteils et en remontant jusqu'à votre tête. Remarquez chaque sensation sans jugement.

5. **Pratique de l'écoute active** : Lorsque vous parlez à quelqu'un, écoutez vraiment. Soyez pleinement présent à la conversation sans penser à ce que vous allez dire ensuite.

6. **Manger en pleine conscience** : Lorsque vous mangez, soyez conscient de chaque bouchée. Savourez les saveurs, les textures et les arômes de chaque morceau.

Preuves scientifiques

De nombreuses études soutiennent les avantages de la pleine conscience et de la méditation. Par exemple :

1. **Bien-être émotionnel** : Une étude publiée dans le "Journal of Clinical Psychology" a constaté que la méditation basée sur la pleine conscience peut être efficace pour réduire les symptômes de stress, d'anxiété et de dépression.
2. **Santé physique** : Une revue systématique publiée dans le "Journal of Psychosomatic Research" a révélé que la méditation peut avoir des effets bénéfiques sur diverses conditions physiologiques, notamment la pression artérielle, les maladies coronariennes et les douleurs chroniques.
3. **Concentration** : Une étude réalisée par des chercheurs de l'Université du Wisconsin-Madison a démontré que la formation à la méditation peut avoir un impact positif sur l'attention soutenue.
4. **Créativité** : Une étude publiée dans le "Frontiers in Cognition" a examiné les effets de différents types de méditation sur la créativité et a constaté que certaines formes de méditation peuvent améliorer la pensée divergente, un indicateur clé de la créativité.

Ainsi, ces études soutiennent l'idée que la pleine conscience et la méditation ont de nombreux avantages, tant sur le plan émotionnel que physique, et peuvent améliorer la concentration et la créativité

La pleine conscience et la méditation sont des outils puissants qui peuvent nous aider à vivre plus profondément dans le moment présent. Avec la pratique, ces techniques peuvent non seulement améliorer notre bien-être émotionnel, mais aussi notre santé physique, notre concentration et notre créativité. En fin de compte, la clé du bonheur réside peut-être moins dans les événements que nous vivons que dans la façon dont nous choisissons de les vivre.

Chapitre 5 : L'Acceptation

L'une des plus grandes sources de souffrance dans la vie humaine provient de notre résistance au changement, à l'inconnu et à l'inattendu. Pourtant, le flux et le reflux des marées, les saisons qui changent, la naissance et la mort font tous partie intégrante de la vie. Si nous pouvons apprendre à accepter ces inévitables changements avec grâce, nous pouvons trouver un bonheur durable.

Accepter ce que nous ne pouvons pas changer

La vie ne se déroule pas toujours comme nous l'avions prévu. Des événements imprévus, des tragédies, des échecs et des déceptions se produisent. Face à ces situations, nous avons souvent le sentiment que la vie est injuste. Cependant, lutter contre ces réalités ne fait qu'intensifier notre souffrance.

Accepter que la vie n'est pas toujours juste est un pas crucial vers la paix intérieure. S'attendre à ce que chaque situation soit équilibrée ou à ce que chaque personne nous traite avec justice et reconnaissance est une recette pour le désenchantement. Chaque individu a sa propre perception de la justice, influencée par son vécu, sa culture et ses croyances. Plutôt que de chercher constamment une équité externe, concentrons-nous sur notre propre intégrité et sur la façon dont nous réagissons aux aléas de la vie. Trouver l'équilibre en nous-mêmes et agir avec bienveillance, quelle que soit la réponse du monde extérieur, est une source bien plus durable de contentement.

1. **Reconnaissance de la réalité** : Avant de pouvoir accepter une situation, il faut d'abord la reconnaître et l'admettre. Cela ne signifie pas que nous devons aimer ce qui se passe, mais simplement reconnaître la réalité de la situation.

2. **Lâcher prise des "si seulement"** : Ruminer sur ce qui aurait pu être ne fait qu'ajouter à notre douleur. Lâcher prise des regrets et des scénarios "si seulement" est essentiel pour avancer.

3. **Trouver la sérénité** : Souvent, c'est en acceptant ce que nous ne pouvons pas changer que nous trouvons une paix intérieure. Comme le dit la célèbre prière de la sérénité : "Donnez-moi la sérénité d'accepter les choses que je ne peux pas changer, le courage de changer les choses que je peux, et la sagesse de connaître la différence."

La différence entre résignation et acceptation

La résignation et l'acceptation peuvent sembler similaires à première vue, mais elles sont fondamentalement différentes dans leur essence et leurs implications.

1. **Résignation** : La résignation est un sentiment de défaitisme. C'est le sentiment d'être vaincu, d'abandonner et de céder face à la situation. C'est une attitude passive où l'on sent qu'il n'y a rien d'autre à faire que de se soumettre à la réalité.
2. **Acceptation** : L'acceptation, en revanche, est active et implique une prise de conscience. Elle nécessite une compréhension profonde de la situation et un choix conscient d'embrasser cette réalité, tout en reconnaissant qu'elle ne définit pas notre valeur ou notre potentiel.

En acceptant, nous prenons le pouvoir sur la situation. Nous choisissons de ne pas être définis ou limités par elle. Au lieu de cela, nous voyons au-delà des circonstances actuelles vers de nouvelles possibilités et opportunités.

Conclusion

L'acceptation ne signifie pas se résigner à un sort ou se sentir impuissant. C'est plutôt un choix conscient d'embrasser la réalité, de reconnaître ses limites et de se concentrer sur les choses que nous pouvons effectivement changer. En cultivant l'acceptation dans nos vies, nous pouvons trouver une paix intérieure durable et une plus grande résilience face aux défis de la vie.

Chapitre 6 : La Connexion

Au cœur de l'expérience humaine se trouve le désir inné de connexion. Que ce soit avec la famille, les amis, les partenaires ou les étrangers, la capacité de se connecter avec autrui est souvent ce qui donne un sens profond à notre existence. Ce n'est pas un hasard si, lorsqu'on demande à des personnes âgées ce qu'elles chérissent le plus, la réponse concerne souvent les relations qu'elles ont cultivées au fil des ans.

L'importance des relations humaines

1. **Bien-être émotionnel** : Les relations saines offrent du soutien, de l'amour et un sentiment d'appartenance. Elles peuvent combattre la solitude et offrir du réconfort dans les moments difficiles.
2. **Développement personnel** : À travers nos interactions avec les autres, nous apprenons sur nous-mêmes, nous faisons face à des défis et nous grandissons. Les relations agissent comme un miroir, reflétant nos forces et nos faiblesses.
3. **Santé physique** : Il est prouvé que des relations solides améliorent la santé physique. La solitude ou l'isolement peuvent avoir un impact négatif, augmentant le risque de maladies.
4. **Longévité** : Étonnamment, des études ont montré que des relations solides peuvent

même augmenter la durée de vie. La connexion humaine nous nourrit au niveau cellulaire.

Conseils pour établir et maintenir des liens solides

1. **Écoute active** : Prêtez attention aux mots et aux émotions de l'autre personne. Écoutez pour comprendre, pas nécessairement pour répondre.
2. **Honnêteté et transparence** : Soyez authentique dans vos relations. La confiance est le fondement de tout lien solide.
3. **Investissez du temps** : Les relations nécessitent du temps et de l'effort. Planifiez des moments réguliers pour vous connecter avec vos proches, que ce soit pour un appel rapide ou un dîner tranquille.
4. **Établissez des limites** : Toutes les connexions ne sont pas bénéfiques. Il est essentiel de reconnaître quand une relation est toxique et d'établir des limites pour protéger votre bien-être.
5. **Célébrez ensemble** : Partagez les bons moments et soutenez-vous mutuellement pendant les périodes difficiles. La joie partagée est doublée, et la peine partagée est divisée.
6. **Développez l'empathie** : Mettez-vous à la place de l'autre personne et essayez de voir

le monde de son point de vue. L'empathie renforce la compréhension mutuelle.

Conclusion

Au-delà des réussites individuelles et des possessions matérielles, ce sont les relations que nous cultivons qui donnent de la couleur, de la profondeur et du sens à notre vie. Dans un monde de plus en plus digitalisé, il est impératif de chérir ces connexions humaines et de travailler constamment à leur renforcement. Car au final, c'est la connexion qui unit tout dans la danse complexe de la vie.

Chapitre 7 : La Passion

Ah, la passion ! Elle est souvent évoquée comme le feu qui brûle à l'intérieur de nous, le moteur qui nous pousse à nous surpasser, le souffle qui donne de la couleur à nos journées les plus monotones. Mais qu'est-ce que la passion exactement ? Et comment peut-elle jouer un rôle essentiel dans notre quête du bonheur ?

Trouver sa passion et la poursuivre

1. **Auto-réflexion** : Avant tout, il est crucial de comprendre ce qui vous fait vibrer. Prenez le temps de réfléchir à vos intérêts, à ce que vous aimez faire lorsque personne ne regarde, à ce qui fait battre votre cœur un peu plus fort.
2. **Essayez de nouvelles choses** : Parfois, on ne sait pas ce qui nous passionne jusqu'à ce qu'on le découvre. N'hésitez pas à sortir de votre zone de confort et à explorer de nouvelles activités ou hobbies.
3. **Écoutez vos émotions** : Votre corps et vos émotions peuvent vous donner des indices sur ce qui vous passionne vraiment. Si une activité vous procure de la joie, de l'excitation ou même une certaine peur excitante, c'est peut-être une passion en devenir.
4. **Engagez-vous** : Une fois que vous avez identifié une passion, engagez-vous

pleinement. Cela ne signifie pas nécessairement que vous devez en faire une carrière, mais donnez-lui une certaine priorité et du temps dans votre vie.

Comment la passion influence le bonheur

1. **Sens et direction** : Avoir une passion donne un sens à la vie. Cela fournit une direction, un but, quelque chose à attendre avec impatience.
2. **Épanouissement personnel** : La poursuite de la passion favorise la croissance personnelle. En relevant des défis et en apprenant de nouvelles choses, vous vous sentez accompli et fier.
3. **Réduction du stress** : Se plonger dans une activité que vous aimez peut agir comme une forme de méditation. Il offre une évasion, un moment où les soucis de la vie peuvent être mis de côté.
4. **Connexion avec d'autres** : Les passions ont souvent une composante sociale. Que ce soit en rejoignant un club, en prenant des cours, ou simplement en partageant votre passion avec d'autres, cela peut conduire à des connexions significatives.
5. **Vitalité et énergie** : La passion peut agir comme un carburant, vous donnant l'énergie et la motivation nécessaires pour affronter la journée avec enthousiasme.

Études scientifiques :

Une étude de l'Université de Yale et de l'Université de Oxford a révélé que les individus qui sont passionnés par leur travail et leurs activités quotidiennes ont tendance à vivre plus longtemps et à avoir une meilleure santé mentale.

La recherche de l'Université de Caroline du Sud a constaté que les personnes qui poursuivent leurs passions régulièrement ont de meilleurs niveaux d'engagement, sont plus satisfaits de leur vie et ont une meilleure estime de soi.

Témoignages de personnes célèbres :

Steve Jobs a souvent parlé de l'importance de suivre sa passion. Dans son célèbre discours à l'Université de Stanford, il a dit : "La seule façon de faire du bon travail est d'aimer ce que vous faites. Si vous n'avez pas encore trouvé cela, continuez à chercher. Ne vous installez pas."

Oprah Winfrey, une des personnalités les plus influentes du monde, a souvent exprimé l'importance de la passion pour réussir. Elle a dit : "La passion est l'énergie. Sentez la puissance qui découle de se concentrer sur ce qui vous excite."

Nelson Mandela a dit : "Il n'y a pas de passion à jouer petit, à se contenter d'une vie qui est moins que celle que vous êtes capable de vivre."

Conclusion

La passion n'est pas seulement une simple distraction ou un hobby. C'est une source profonde de joie, de satisfaction et de croissance. En trouvant et en nourrissant ce feu intérieur, non seulement nous enrichissons nos propres vies, mais nous apportons aussi de la lumière à celles des personnes qui nous entourent. Dans notre quête du bonheur, reconnaître, accepter et suivre nos passions est un pas essentiel.

Chapitre 8 : La Résilience

La vie, dans sa beauté et sa complexité, est parsemée de hauts et de bas. Chacun de nous, à un moment ou à un autre, fait face à des défis qui mettent à l'épreuve notre force, notre patience et notre foi. C'est là qu'intervient la résilience, cette capacité incroyable à rebondir après des épreuves, à surmonter les adversités et à transformer les défis en opportunités de croissance.

Voici des exemples concrets de personnalités connues qui ont démontré une résilience remarquable face aux épreuves :

Stephen Hawking : Malgré le diagnostic d'une maladie dégénérative à l'âge de 21 ans, qui l'a progressivement paralysé et limité à un fauteuil roulant, Hawking n'a jamais laissé sa condition l'empêcher de poursuivre ses passions. Il est devenu l'un des physiciens les plus renommés de notre époque et a contribué de manière significative à notre compréhension de l'univers.

Malala Yousafzai : À l'âge de 15 ans, elle a été la cible d'une tentative d'assassinat par les talibans à cause de son plaidoyer pour l'éducation des filles au Pakistan. Elle a survécu et est devenue une militante mondiale pour les droits des femmes et l'éducation, recevant le prix Nobel de la paix à l'âge de 17 ans.

Nelson Mandela : Après avoir passé 27 ans en prison pour ses efforts pour mettre fin à l'apartheid en Afrique du Sud, Mandela a été libéré et est devenu le premier président noir du pays. Plutôt que de chercher à se venger, il a prôné la réconciliation et a travaillé pour unir une nation divisée.

Frida Kahlo : Après avoir subi un accident de bus grave à l'âge de 18 ans, Kahlo a vécu une vie de douleur physique constante. Cependant, elle a utilisé sa souffrance comme inspiration pour ses œuvres d'art, devenant l'une des artistes les plus emblématiques de l'histoire.

Ces exemples montrent la capacité humaine à persévérer face aux obstacles, à transformer les tragédies en triomphes, et à trouver de l'espoir même dans les moments les plus sombres. Ces histoires de résilience peuvent servir d'inspiration à quiconque traverse des moments difficiles.

Mais comment développe-t-on cette compétence essentielle ? Plongeons dans le monde de la résilience.

Surmonter les adversités

1. **Reconnaissance de la réalité** : Accepter la réalité est la première étape pour surmonter toute adversité. Cela ne signifie pas que vous devez être heureux ou satisfait de la situation, mais simplement reconnaître ce qui est.
2. **Cherchez le positif** : Même dans les situations les plus difficiles, il peut y avoir un aspect positif ou une leçon à tirer. Cela pourrait être aussi simple que d'apprendre quelque chose de nouveau sur vous-même ou de renforcer des relations précieuses.
3. **Évitez de vous comparer** : Chaque individu vit des adversités différentes. Comparer votre douleur à celle des autres peut minimiser vos sentiments. Il est essentiel de comprendre que chaque expérience est valide et unique.
4. **Recherchez du soutien** : S'entourer de personnes bienveillantes et compréhensives peut faire toute la différence. Parler de vos sentiments et partager vos expériences peut vous aider à traiter et à guérir.

Techniques pour développer la résilience

1. **Prenez soin de votre santé physique** : Un corps sain peut mieux faire face au stress. Cela inclut une alimentation équilibrée, de l'exercice régulier et un sommeil suffisant.
2. **Établissez des routines** : Avoir une routine quotidienne peut offrir un sentiment de normalité. Elle peut également être un rappel des choses que vous contrôlez lorsque tout semble hors de contrôle.
3. **Fixez-vous des objectifs réalisables** : Donnez-vous des objectifs clairs et réalisables pour vous aider à avancer. Cela peut vous donner un sens du but et une direction.
4. **Adoptez une mentalité de croissance** : Croyez que vous avez la capacité de vous développer et d'évoluer à travers vos expériences. Chaque défi est une opportunité de croissance.
5. **Pratiquez la méditation et la pleine conscience** : Ces techniques peuvent aider à garder votre esprit centré, à réduire le stress et à améliorer la concentration.
6. **Journalisation** : Tenir un journal peut aider à clarifier vos pensées, à traiter vos émotions et à suivre votre progrès au fil du temps.

Conclusion

La résilience n'est pas innée ; c'est une compétence qui peut être développée et renforcée avec le temps et la pratique. En cultivant cette force intérieure, nous nous préparons non seulement à faire face aux tempêtes de la vie, mais aussi à en sortir plus forts, plus sages et plus épanouis. La résilience, au cœur de la quête du bonheur, est cette étincelle qui nous pousse à continuer, même face aux obstacles.

Chapitre 9 : L'Authenticité

Dans un monde où la pression de se conformer est omniprésente, rester fidèle à soi-même peut être un défi. Pourtant, l'authenticité est l'une des clés les plus précieuses du bonheur. Elle nous permet de vivre des vies enrichissantes, honnêtes et pleines de sens. Approfondissons cette vertu essentielle.

Être authentique ne signifie pas exprimer tout ce que l'on pense ou ressent sans filtre. Cela signifie reconnaître et accepter nos propres valeurs, croyances, défauts, et forces. Mais cette authenticité doit être exercée avec responsabilité et discernement.

Par exemple, si quelqu'un abrite des préjugés ou des idées discriminatoires, être authentique ne donne pas carte blanche pour les propager ou les agir. Au lieu de cela, l'authenticité dans ce contexte devrait conduire à une introspection, à se demander pourquoi on ressent cela et à travailler activement pour surmonter ces préjugés. L'authenticité est également un chemin vers la croissance personnelle.

L'authenticité n'est donc pas une justification de l'ignorance ou du préjudice. Au contraire, elle devrait nous inciter à être meilleurs, à chercher la compréhension et l'empathie, et à aligner nos actions avec des valeurs positives. Dans cette quête de vérité personnelle, nous devons aussi veiller à ce que nos vérités n'entravent pas le bonheur ou le bien-être d'autrui.

Finalement, l'authenticité est une quête d'équilibre entre être fidèle à soi-même tout en étant conscient et respectueux du monde qui nous entoure. C'est dans cet équilibre que le véritable bonheur peut être trouvé.

Être vrai envers soi-même

1. **La connaissance de soi** : La première étape pour être authentique est de se connaître soi-même. Cela signifie être conscient de ses propres valeurs, croyances, désirs, émotions et motivations.

2. **Être authentique dans le respect d'autrui :** Bien que la société puisse parfois nous inciter à adopter des comportements ou des attitudes qui ne nous ressemblent pas pleinement, être authentique ne signifie pas laisser libre cours à chaque impulsion ou pensée. Il s'agit de vivre fidèlement à nos valeurs tout en respectant les autres et en tenant compte du contexte dans lequel nous évoluons.

3. **L'autocompassion** : Accepter qui nous sommes, y compris nos faiblesses, est essentiel pour être authentique. Cela nécessite de la compassion envers soi-même et de la bienveillance.

L'importance de l'honnêteté et de l'intégrité

1. **Les piliers de l'authenticité** : L'honnêteté et l'intégrité sont fondamentales pour vivre une vie authentique. Elles nous poussent à agir en accord avec nos convictions et à être fidèles à nous-mêmes dans toutes les situations.

2. **Le respect de soi** : Lorsque nous sommes honnêtes et intègres, nous gagnons un respect profond pour nous-mêmes. Cela renforce notre estime de soi et notre confiance.

3. **Construire des relations solides** : L'authenticité est essentielle pour établir et maintenir des relations saines. Lorsque nous sommes vrais et transparents, cela inspire confiance et respect chez les autres.

4. **Le bien-être mental et émotionnel** : Être inauthentique peut entraîner du stress, de l'anxiété et d'autres problèmes émotionnels. En revanche, vivre de manière authentique nous libère de ces poids et favorise un bien-être mental.

Conclusion

L'authenticité est bien plus qu'un simple mot à la mode. C'est un engagement envers soi-même, un mode de vie qui requiert du courage, de la conscience et de la compassion. En choisissant d'être authentique, nous choisissons de vivre des vies pleines de sens, de bonheur et de vérité. Dans un monde de façades, être soi-même est peut-être le cadeau le plus précieux que nous puissions offrir, à nous-mêmes et aux autres.

Chapitre 10 : Le Lâcher-prise

Dans un monde où nous sommes constamment sollicités pour en faire plus, obtenir plus et être plus, le lâcher-prise peut sembler contre-intuitif. Cependant, paradoxalement, c'est en relâchant notre emprise sur certaines choses que nous trouvons un véritable équilibre et une sérénité profonde. Ce chapitre se penche sur la délicate danse du détachement et comment cela peut ouvrir la porte à un bonheur authentique.

Sophie, une cadre supérieure dans une grande entreprise, raconte : "J'étais obsédée par la perfection dans mon travail. J'avais peur de l'échec et je m'épuisais à essayer de tout contrôler. Jusqu'au jour où j'ai fait un burnout. C'est alors que j'ai réalisé l'importance du lâcher-prise. J'ai appris à déléguer, à accepter que je ne peux pas tout contrôler, et à vivre dans le moment présent. Cela m'a non seulement aidée professionnellement, mais aussi personnellement."

L'histoire de Max est également éclairante. Après une rupture douloureuse, il a passé des années à ressasser son passé et à se blâmer pour les erreurs commises. Mais une rencontre avec un coach de vie l'a aidé à comprendre la valeur du lâcher-prise. "J'ai compris que m'accrocher à mon passé ne faisait qu'augmenter ma souffrance. En apprenant à lâcher prise, j'ai pu guérir et avancer."

Ces témoignages, et d'autres encore, illustrent à quel point le lâcher-prise est essentiel pour notre bien-être et notre bonheur. Il s'agit d'une compétence que nous pouvons tous développer avec de la pratique et de la patience.

L'importance de laisser aller ce qui ne nous sert plus

1. **Le poids du passé** : Tenir fermement à des regrets, à des erreurs passées ou à des griefs peut être épuisant. En les relâchant, nous faisons de la place pour le présent et pour les opportunités à venir.

2. **Libération émotionnelle** : Que ce soit la colère, la jalousie ou la tristesse, s'accrocher à des émotions négatives est non seulement nocif pour notre santé mentale, mais cela nous empêche aussi de vivre pleinement le moment présent.

3. **Ouverture à de nouvelles possibilités** : Lorsque nous nous débarrassons de croyances, d'attitudes ou de comportements qui ne nous servent plus, nous permettons à de nouvelles perspectives et opportunités de se présenter à nous.

Techniques pour pratiquer le détachement

1. **Méditation** : La méditation nous permet de prendre du recul par rapport à nos pensées et à nos émotions. Elle nous offre un espace pour observer sans jugement et pour laisser aller ce qui n'est plus nécessaire.
2. **Journaling** : Écrire régulièrement peut aider à identifier ce à quoi nous nous accrochons et pourquoi. Une fois reconnus, ces schémas ou ces croyances peuvent être plus facilement lâchés.
3. **Acceptation** : Avant de pouvoir lâcher prise, nous devons d'abord accepter la réalité telle qu'elle est. Cela ne signifie pas nécessairement être d'accord avec elle, mais simplement reconnaître et accepter ce qui est.
4. **Pratiquer le non-jugement** : En évitant de juger les situations et les personnes (y compris nous-mêmes), nous réduisons notre attachement émotionnel et nous pouvons aborder les choses avec une vision plus claire.
5. **Entourez-vous de positivité** : Les personnes et les environnements qui soutiennent notre voyage vers le détachement peuvent être d'inestimables alliés. Cherchez des groupes de soutien, des mentors ou des amis qui comprennent et valorisent le lâcher-prise.

Conclusion

Le lâcher-prise est une compétence que nous pouvons tous développer avec le temps et la pratique. Il ne s'agit pas de renoncer ou d'être passif, mais plutôt de choisir consciemment ce à quoi nous donnons de l'importance dans notre vie. En laissant aller ce qui ne sert plus notre bien-être et notre bonheur, nous trouvons une liberté et une paix profondes.

Chapitre 11 : L'Optimisme

Dans un monde où les nouvelles négatives semblent constamment dominer les gros titres et où les défis personnels peuvent parfois sembler accablants, cultiver l'optimisme peut paraître comme un défi en soi. Cependant, adopter une perspective positive n'est pas seulement une méthode pour se sentir mieux, c'est aussi un puissant moteur de changement, de résilience et de bien-être. Dans ce chapitre, nous plongerons dans l'art de l'optimisme et comment il peut transformer chaque facette de notre vie.

Adopter une perspective positive

1. **La force du focus** : Notre esprit a tendance à donner de l'importance à ce sur quoi il se concentre. En orientant notre attention sur le positif, nous cultivons naturellement une perspective plus optimiste.
2. **Reformuler les défis** : Au lieu de voir les obstacles comme des barrières insurmontables, envisagez-les comme des opportunités d'apprentissage ou de croissance.
3. **Célébration des petites victoires** : Il est crucial de reconnaître et de célébrer même les petites réalisations. Cela renforce notre conviction que le progrès est possible et que le meilleur est à venir.

4. **Entourez-vous de personnes optimistes** : L'énergie est contagieuse. Passer du temps avec des personnes qui voient le verre à moitié plein peut nous aider à adopter une perspective similaire.

L'impact de l'optimisme sur la santé

1. **Réduction du stress** : Les optimistes gèrent généralement mieux le stress, car ils perçoivent les situations stressantes comme temporaires et surmontables.
2. **Boost du système immunitaire** : Des études ont montré que les personnes optimistes tombent moins souvent malades et récupèrent plus rapidement lorsqu'elles le font.
3. **Meilleure santé cardiaque** : L'optimisme est lié à une pression artérielle plus basse, à une meilleure santé cardiaque et à un risque réduit de maladies cardiaques.
4. **Longévité accrue** : Plusieurs recherches ont révélé que les personnes optimistes ont tendance à vivre plus longtemps que leurs homologues pessimistes.
5. **Bien-être mental** : L'optimisme est étroitement lié à une faible prévalence de la dépression et à une meilleure qualité de vie en général.

Conclusion

L'optimisme n'est pas seulement un état d'esprit, c'est aussi un choix conscient que nous faisons chaque jour. En choisissant de voir le bon côté des choses, non seulement nous améliorons notre humeur et notre perspective, mais nous bénéficions également d'une multitude d'avantages pour notre santé et notre bien-être. Adopter une perspective positive est une étape essentielle sur le chemin du bonheur durable.

Chapitre 12 : L'Équilibre

L'équilibre, ce point d'harmonie entre les extrêmes, est une clé fondamentale du bonheur. Il est souvent évoqué, mais rarement atteint dans un monde qui valorise la vitesse, la performance et la surcharge. Cependant, trouver et maintenir cet équilibre est crucial pour notre bien-être global. Dans ce chapitre, nous plongerons dans l'importance de l'équilibre dans tous les aspects de la vie et explorerons des conseils pratiques pour le maintenir au niveau mental, émotionnel et physique.

L'importance de l'équilibre dans tous les aspects de la vie

1. **Une vie déséquilibrée conduit au burn-out** : Lorsque nous nous surmenons ou nous négligeons certains domaines de notre vie, le risque de burn-out, de stress et d'épuisement augmente.
2. **Harmonie intérieure** : Un équilibre dans nos vies se traduit souvent par une paix intérieure, une clarté d'esprit et une meilleure capacité à gérer les défis.
3. **Amélioration des relations** : Lorsque nous sommes équilibrés, nous sommes généralement plus présents et attentifs à nos proches, ce qui peut renforcer nos relations.

Conseils pour maintenir l'équilibre mental, émotionnel et physique

1. **Définir ses priorités** : Identifiez ce qui est essentiel pour vous dans la vie. Cela peut aider à équilibrer les demandes du quotidien et à concentrer votre énergie là où elle est la plus nécessaire.
2. **Pratiquer la régulation émotionnelle** : Apprenez des techniques, comme la méditation ou la journalisation, pour traiter vos émotions et maintenir votre équilibre émotionnel.
3. **S'accorder des pauses** : Que ce soit une pause-café, une promenade dans la nature, ou simplement quelques respirations profondes, les pauses peuvent réinitialiser et équilibrer votre esprit.
4. **Activité physique régulière** : Le mouvement, qu'il s'agisse de marche, de yoga ou d'exercices plus intenses, peut aider à équilibrer à la fois le corps et l'esprit.
5. **Établir des limites** : Apprenez à dire non quand c'est nécessaire et à établir des limites saines pour éviter d'être débordé.
6. **Nutrition équilibrée** : Une alimentation saine et équilibrée peut soutenir votre bien-être global et vous aider à vous sentir physiquement et mentalement au top.
7. **Connexion sociale** : Interagir avec d'autres, que ce soit des amis, de la famille ou des collègues, peut offrir un équilibre

précieux à l'isolement ou à la surcharge de travail.

Conclusion

L'équilibre n'est pas une destination finale, mais un processus continu. Il nécessite une attention et une introspection régulières, mais les récompenses sont immenses. En trouvant et en cultivant cet équilibre dans notre vie, nous forgeons la voie vers un bonheur plus profond et plus durable.

Chapitre 13 : La Sagesse Intérieure

La sagesse intérieure, ce mystérieux guide qui réside en chacun de nous, est souvent négligée dans le tumulte de la vie moderne. Elle est pourtant l'une des sources les plus profondes et les plus fiables de direction, de compréhension et de vérité. Dans ce chapitre, nous explorerons l'art de se connecter à cette intuition, ainsi que les méthodes pour comprendre et écouter notre propre voix intérieure.

Se connecter à sa propre intuition

1. **Reconnaître la présence de l'intuition** : Notre intuition est cette petite voix qui murmure des conseils, des avertissements ou des encouragements. Elle se manifeste souvent comme une sensation viscérale ou un "sentiment vis-à-vis de quelque chose".
2. **Faire de la place pour le silence** : Dans notre monde bruyant, le silence est essentiel pour entendre notre voix intérieure. Que ce soit à travers la méditation, la marche dans la nature ou simplement en s'octroyant quelques moments de calme, ces pauses permettent à notre intuition de se manifester.
3. **Faire confiance à ses ressentis** : L'intuition n'est pas toujours logique. Elle fonctionne à un niveau plus profond que l'intellect. Apprenez à faire confiance à ces instincts, même s'ils défient parfois la raison.

Comprendre et écouter sa voix intérieure

1. **Journaling** : Tenir un journal est un excellent moyen de mettre en lumière nos pensées intérieures. En écrivant régulièrement, nous pouvons commencer à voir des motifs, des désirs et des préoccupations qui peuvent ne pas être immédiatement évidents autrement.
2. **La contemplation** : Se poser des questions profondes et y réfléchir peut nous aider à mieux comprendre notre voix intérieure. "Qu'est-ce qui me tient vraiment à cœur ?", "Qu'est-ce que je ressens vraiment à ce sujet ?" sont des exemples de questions à explorer.
3. **Pratiquer l'écoute active** : Lorsque nous prenons le temps d'écouter vraiment, sans jugement ni distraction, nous pouvons accéder à une compréhension plus profonde de notre sagesse intérieure.

Conclusion

Se connecter à notre sagesse intérieure est un voyage continu. Plus nous faisons confiance, écoutons et agissons selon notre intuition, plus elle devient claire et guidante. Cette voix intérieure est une source inestimable de sagesse, d'inspiration et de vérité qui peut éclairer notre chemin vers le bonheur.

Voyager Sur la Route du Bonheur

La quête du bonheur est universelle, mais les chemins que nous empruntons pour l'atteindre sont aussi variés que les étoiles dans le ciel. Dans cette odyssée de la vie, certains éléments se révèlent être de véritables boussoles pour naviguer vers une existence épanouissante.

Au cœur de cette quête, les liens que nous tissons avec les autres sont souvent nos plus précieux trésors. Les relations profondes et sincères nous offrent des moments de joie, de soutien et d'amour inconditionnel. Mais tout comme un navire a besoin d'une destination, notre vie gagne en intensité lorsqu'elle est guidée par une mission, une raison d'être qui nous propulse vers l'avant.

Cependant, les vents de la vie ne soufflent pas toujours dans la direction que nous espérons. C'est alors que notre capacité d'adaptabilité devient notre meilleur atout. Elle nous permet d'embrasser les vagues du changement avec grace et résilience. Et dans cette danse avec la vie, la bienveillance se révèle être une mélodie douce. En offrant de petits actes de gentillesse, nous éclairent notre chemin et celui des autres.

Le voyage vers le bonheur est aussi une invitation à l'introspection et à la croissance. C'est en relevant des défis et en s'épanouissant que nous découvrons de nouvelles facettes de nous-mêmes. Et lorsque le monde extérieur devient bruyant, chercher refuge dans la solitude nous offre un havre de paix, une occasion de se ressourcer.

Mais il ne faut pas sous-estimer le pouvoir guérisseur de la nature. Se perdre dans sa majesté, ou simplement s'entourer d'un environnement apaisant, nous reconnecte à l'essence même de la vie. Et dans ces moments, que serait la vie sans la légèreté du rire, l'insouciance du jeu et la spontanéité de l'amusement ?

Il est crucial de se souvenir que le bonheur n'est pas un point d'arrivée, mais bien le voyage lui-même. Chacun de nous détient sa propre carte, avec ses propres repères. Il est donc essentiel d'écouter son cœur et d'adapter ces guides à sa propre mélodie intérieure.

Résumé et Conclusion

Chacun de nous est engagé dans une quête, souvent inconsciente, du bonheur. Au fil de ce guide, nous avons exploré les 13 clés qui peuvent ouvrir les portes de la joie et du contentement. De la gratitude, qui nous rappelle de chérir chaque moment, à la sagesse intérieure qui nous guide vers notre vérité, chaque clé détient une partie essentielle du puzzle du bonheur.

1. **La Gratitude** : Reconnaître et apprécier la valeur de chaque moment, qu'il soit grand ou petit, pour cultiver un sentiment de bonheur et de contentement dans la vie.

2. **La Santé Physique et Mentale** : Promouvoir le bien-être total en intégrant des pratiques saines, telles que l'exercice régulier, une alimentation équilibrée, et la méditation pour maintenir l'harmonie entre le corps et l'esprit.

3. **Relations Saines et Préservation de Soi** : Établir des relations qui nourrissent l'âme, tout en préservant son espace personnel et en promouvant le respect mutuel et la compréhension.

4. **La Présence** : S'engager pleinement dans l'instant présent, en mettant de côté les soucis du passé et les incertitudes du futur, pour vivre chaque expérience pleinement.

5. **L'Acceptation** : Embrasser la réalité telle qu'elle est, en distinguant ce qui est hors de notre contrôle et en apprenant à trouver la paix intérieure malgré les circonstances extérieures.

6. **La Connexion** : Créer des liens significatifs avec les autres et avec soi-même pour enrichir notre expérience de la vie et notre compréhension du monde.

7. **La Passion** : Suivre ce qui nous inspire et nous motive, en cherchant des activités et des buts qui éclairent notre être intérieur et donnent un sens profond à notre existence.

8. **La Résilience** : Développer la capacité de rebondir face aux adversités, en apprenant à tirer des leçons de chaque épreuve et à se renforcer à travers les défis.

9. **L'Authenticité** : Vivre de manière authentique et sincère, en restant fidèle à ses valeurs et convictions, même face aux pressions extérieures.

10. **Le Lâcher-prise** : Se défaire des poids inutiles, qu'ils soient émotionnels, matériels ou relationnels, pour avancer plus librement dans la vie.

11. **L'Optimisme** : Adopter une attitude positive face à la vie, en choisissant de voir les opportunités plutôt que les obstacles, ce qui a un impact bénéfique sur notre bien-être global.

12. **L'Équilibre** : Trouver un juste milieu dans tous les aspects de la vie, en équilibrant travail, loisirs, relations et temps personnel, pour une existence harmonieuse.

13. **La Sagesse Intérieure** : Se fier à son intuition et à sa connaissance intérieure, en prenant le temps d'écouter sa voix intérieure pour des prises de décisions éclairées.

Le bonheur n'est pas une destination à atteindre, mais plutôt un voyage à entreprendre. C'est une série de choix conscients, d'actions et de réflexions. Chaque jour offre une nouvelle opportunité de choisir le bonheur, d'ouvrir une ou plusieurs de ces 13 clés.

Alors que vous fermez ce livre, n'oubliez pas que votre quête du bonheur est unique. Embrassez chaque clé à votre rythme, intégrez-les dans votre vie comme bon vous semble. Continuez à explorer, à apprendre et surtout à écouter votre cœur.

N'attendez pas un moment futur pour être heureux. Le bonheur est à portée de main, ici et maintenant. Que votre voyage soit rempli de joie, de découvertes et de moments inoubliables. Bonne chance dans votre quête du bonheur !

Remerciements :

Écrire un livre est un voyage en soi, et ce voyage n'aurait pas été possible sans le soutien, les encouragements et les contributions de nombreuses personnes.

Tout d'abord, merci à mes proches pour leur soutien inébranlable, leurs conseils judicieux et leur patience infinie.

Je tiens également à exprimer ma gratitude envers tous les experts, auteurs et penseurs dont le travail m'a inspiré et guidé tout au long de la rédaction de ce livre.

À tous mes lecteurs, merci de m'avoir accordé votre temps et votre confiance. Votre quête du bonheur est une source d'inspiration pour moi, et je suis honoré de faire partie de votre voyage.

Enfin, je tiens à remercier les membres de l'équipe éditoriale pour leur expertise, leur passion et leur dévouement à faire de ce livre une réalité.

Chaque personne mentionnée, et tant d'autres non mentionnées, ont joué un rôle essentiel dans la création de cet ouvrage. Merci du fond du cœur ♥.

Tom Levy

Annexes

Ressources supplémentaires : Dans cette section, vous trouverez une sélection de ressources en ligne, d'ateliers, de conférences et d'outils pour vous aider à approfondir votre compréhension de chaque clé et à poursuivre votre voyage vers le bonheur.

Méditation guidée :

- **Petit Bambou** : Une application qui propose certaines méditations guidées gratuites, même si l'intégralité du contenu n'est pas accessible sans abonnement.
- **Méditer avec Christophe André** : Sur YouTube, vous pouvez trouver des méditations guidées par le célèbre psychiatre français spécialisé dans la méditation.
- **Headspace** : Un site web et une application mobile proposant des séances guidées de méditation pour tous les niveaux.
- **Calm** : Offre également des méditations, des histoires pour s'endormir et des techniques de respiration.

2. Journaux de gratitude :

Bien que les journaux physiques soient généralement payants, des templates et modèles gratuits peuvent être trouvés en ligne pour imprimer ou pour être utilisés comme guide pour créer son **propre journal.**

- **The Five Minute Journal** : Un journal structuré pour vous aider à démarrer et terminer chaque jour avec gratitude.
- **Good Days Start With Gratitude** : Un journal de gratitude de 52 semaines pour cultiver une attitude de gratitude.

3. Liste de podcasts :

- **"Feel Good Impact Podcast"** : Animé par Marine Aubin, ce podcast parle d'entrepreneuriat social et positif.
- **"La Leçon de Psychologie"** : par le Dr. Laurie Santos, traduit en français, qui explore les dernières recherches scientifiques sur le bonheur.
- **"The Happiness Lab"** par le Dr Laurie Santos : Explore les dernières recherches scientifiques sur le bonheur.
- **"Ten Percent Happier"** avec Dan Harris : Découvre comment la méditation peut rendre la vie meilleure.

4. Applications mobiles :

- **Respirelax** : Une application proposée par les Thermes d'Allevard pour apprendre à mieux respirer et gérer son stress.
- **7Mind** : Même si tout le contenu n'est pas gratuit, cette application offre des sessions de méditation en français pour commencer.
- **Petit Bambou** : Une application (déjà citée plus haut) offrant des méditations guidées en accès libre.
- **Day One** : Une application de journalisation qui peut être utilisée pour noter des moments de gratitude.
- **Smiling Mind**: Une application de méditation et de bien-être qui offre des programmes adaptés à tous les âges.

Il est à noter que l'accès complet à certaines applications ou plateformes peut nécessiter un paiement, mais beaucoup offrent du contenu gratuit pour permettre aux utilisateurs de commencer leur parcours.

Ces ressources sont largement reconnues et ont été saluées pour leur efficacité et leur accessibilité. Cependant, il est toujours bon de faire ses propres recherches et de voir quelle ressource résonne le plus avec vous personnellement.

Bibliographie :

Ci-dessous une liste de livres qui ont inspiré ou complété le contenu de cet ouvrage. Ces lectures sont idéales pour tous ceux qui souhaitent poursuivre leur quête du bonheur.

1. **"L'Art de la Méditation"** par Matthieu Ricard : Ce moine bouddhiste français propose une approche claire de la méditation et de son importance dans la quête du bonheur.
2. **"La Puissance de la joie"** par Frédéric Lenoir : Dans cet ouvrage, le philosophe et écrivain explore la nature de la joie et propose des pistes pour l'atteindre.
3. **"Le Miracle de la pleine conscience"** par Thich Nhat Hanh : Bien que l'auteur ne soit pas français, ce livre a eu un grand impact en France. Il propose une introduction à la pratique de la pleine conscience.
4. "Trois amis **en quête de sagesse"** par Christophe André, Alexandre Jollien, et Matthieu Ricard : Trois penseurs contemporains partagent leurs réflexions sur la vie, le bonheur et la sagesse.
5. **"Heureux comme un Danois"** par Malene Rydahl : Bien que le sujet principal soit le bonheur au Danemark, l'auteure, d'origine danoise mais vivant en France,

offre une perspective unique sur ce qui fait le bonheur à travers les cultures.

6. **"The Power of Now"** par Eckhart Tolle : Dans ce guide spirituel transformateur, Tolle explore le concept du "maintenant" comme la clé pour mettre fin à la souffrance mentale. Il nous encourage à transcender notre ego basé sur le temps pour atteindre un état de conscience plus élevé, où la paix est atteinte en vivant pleinement dans le présent.

7. **"The Happiness Project"** par Gretchen Rubin : Rubin, dans une quête d'amélioration de sa vie quotidienne, se donne un an pour augmenter son bonheur. Chaque mois, elle se fixe des résolutions et des défis, offrant au lecteur des aperçus pratiques et des conseils pour trouver plus de bonheur dans les petits moments de la vie.

8. **"The Art of Happiness"** par le Dalaï-Lama : A travers des entretiens avec le psychiatre Howard Cutler, le Dalaï-Lama partage sa vision sur comment mener une vie heureuse et épanouissante. Il explore la nature du bonheur et propose des moyens de surmonter les obstacles à la joie, en mettant l'accent sur la compassion et la méditation.

9. **"Authentic Happiness"** par Martin E. P. Seligman : Seligman, le fondateur de la psychologie positive, présente sa théorie selon laquelle le bonheur peut être cultivé en identifiant et en utilisant nos forces et vertus uniques. Il offre des outils et des questionnaires pour aider les lecteurs à découvrir leurs propres sources de bonheur authentique.

10. **"The Gifts of Imperfection"** par Brené Brown : Brené Brown, chercheuse en sciences sociales, explore comment embrasser nos imperfections pour vivre une vie plus courageuse, compatissante et authentique. Elle encourage les lecteurs à laisser tomber ce qu'ils "devraient" être pour célébrer ce qu'ils sont réellement."Flow: The Psychology of Optimal Experience" par Mihaly Csikszentmihalyi